متعة عملية الهضم !

تأليف : دونيا ستيوارت ماكميل

رسوم : جيوفانفا دي ليما

ترجمة : لبنى شراب

TBR Books
نيويورك - باريس

إلى سكايلر، لأنك من أكثر المعجبين بهذا الكتاب
فهذا الكتاب إهداء لك.

- دونيا

حقوق الطبع© 2022
TBR Books / CALEC
الرقم المعياري الدولي للكتاب ISBN
978-1-63607-279-1

مرحبا! اسمي فاطمة، وأنا مخترعة،
اخترعت كرة الزورب، التي بإمكانها أن
تنكمش لتصل إلى حجم فتاتة خبز.

1

خطتي هي أن أذهب داخلها، أنكمش...... ويتم أكلي !
يبدو الأمر سخيفًا، ولكنها طريقة مثلى لمشاهدة الأشياء الشيقة التي تحدث
للطعام عندما نأكله.

ستكون مهمة ممتعة لاكتشاف الجهاز الهضمي – كل أعضاء الجسم والأشياء اللزجة داخلنا والتي تساعدنا على تناول طعامنا.
ولقد وجدت لك مكانًا أيضًا، لذا رافقني!!

هل أنت مستعد؟ سأقوم بالضغط على زر "انكمش" ! انتظر ! ستحتاج هذا المصباح - لأن المكان مظلم ....
٣ - ٢ - ١ انطلق

يا للهول ! نحن الاثنان في حجم قطعتين صغيرتين من فتات الخبز!
الآن يبدأ الجزء الممتع - نحن بحاجة إلى أن يتم أكلنا !! لا تقلق، ستبقينا كرة
الزورب في أمان. أنظر... هناك ملعقة- هذه هي وسيلتنا للوصول!!

ذاهبين للأعلى .... ذاهبين للأعلى
من الأفضل أن تستمري .... استمري
احترس من الأسنان !!

لقد فعلناها. نحن داخل الفم !
الأسنان حادة لطحن طعامنا. الطعام بحاجة إلى أن يكون صغيرًا ليسهل بلعه.
يفرز الفم مادة سائلة تسمى اللعاب، والطعام واللعاب سويًا يكونوا عجينة.
الآن، إلى الجزء الممتع! سيتم بلعنا !

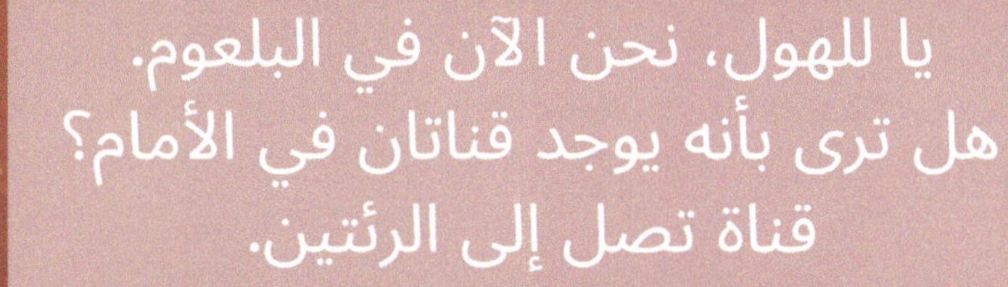

يا للهول، نحن الآن في البلعوم.
هل ترى بأنه يوجد قناتان في الأمام؟
قناة تصل إلى الرئتين.

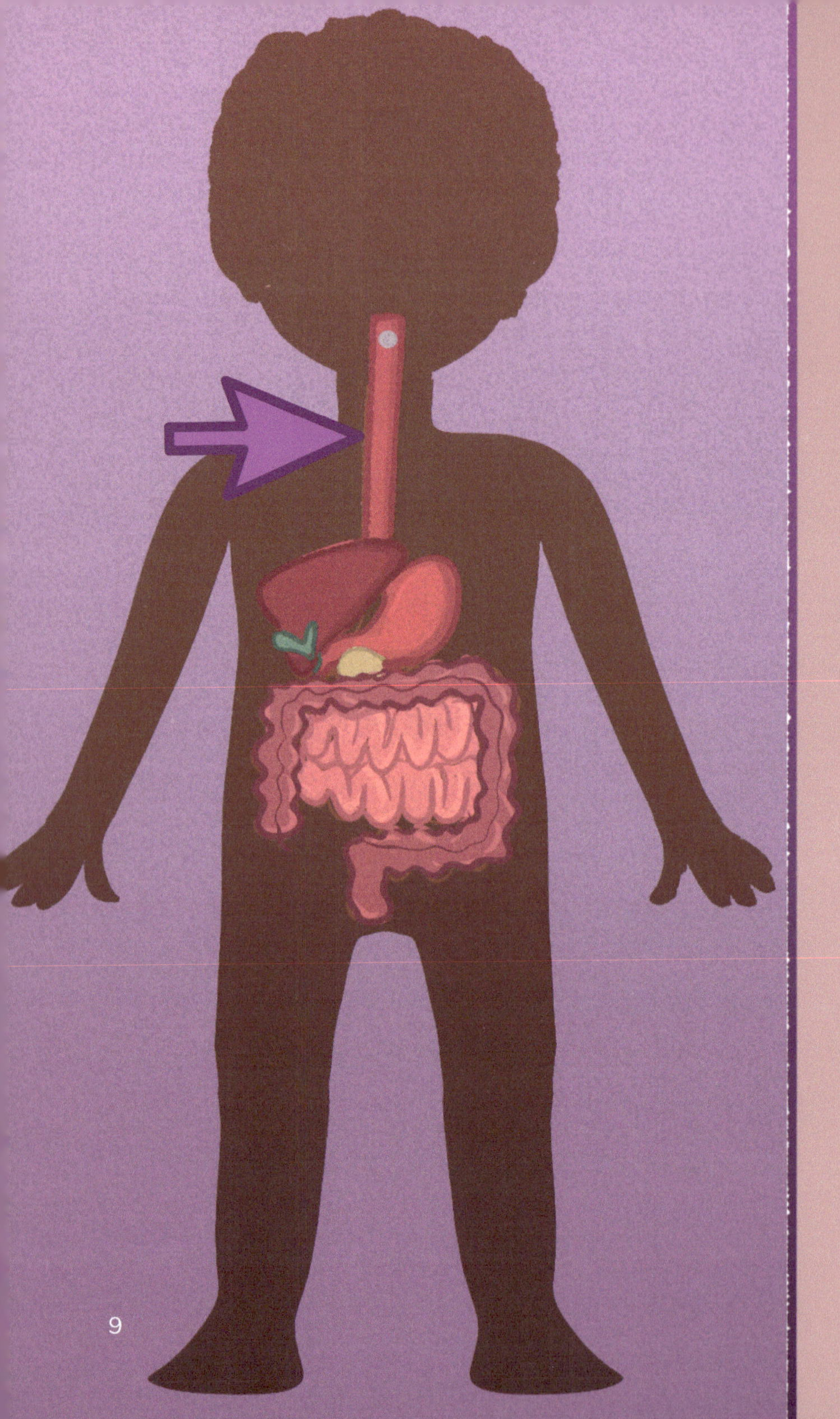

إذا قمت ببلغ الطعام
بطريقة خاطئة، فإن ذلك
يسبب أن يذهب الطعام
إلى أسفل تلك القناة

أما الآن دعنا نذهب إلى
أسفل قناة الطعام.
تسمى قناة الطعام بالمريء

ال – مريء
لا تقلق، الجميع ينطقها
بصعوبة !!

إذهب للخلف ! نحن الآن في المريء
إنه عبارة عن أنبوب يبدأ من البلعوم ويصل حتى المعدة.
إنه يقوم بدفع الطعام إلى الأسفـــــــــــــــل !
انتبه، إنها طريق طويلة للدحرجة!

بلوب ! لقد هبطنا في المعدة. هل ترى كل هذا السائل؟ يدعى حمض المعدة. يقوم بتصغير حجم الطعام أكثر. وعندما يكون الطعام صغير كفاية، يكون على هيئة معجون. دعنا نرى إلى أين سيذهب بعد ذلك!

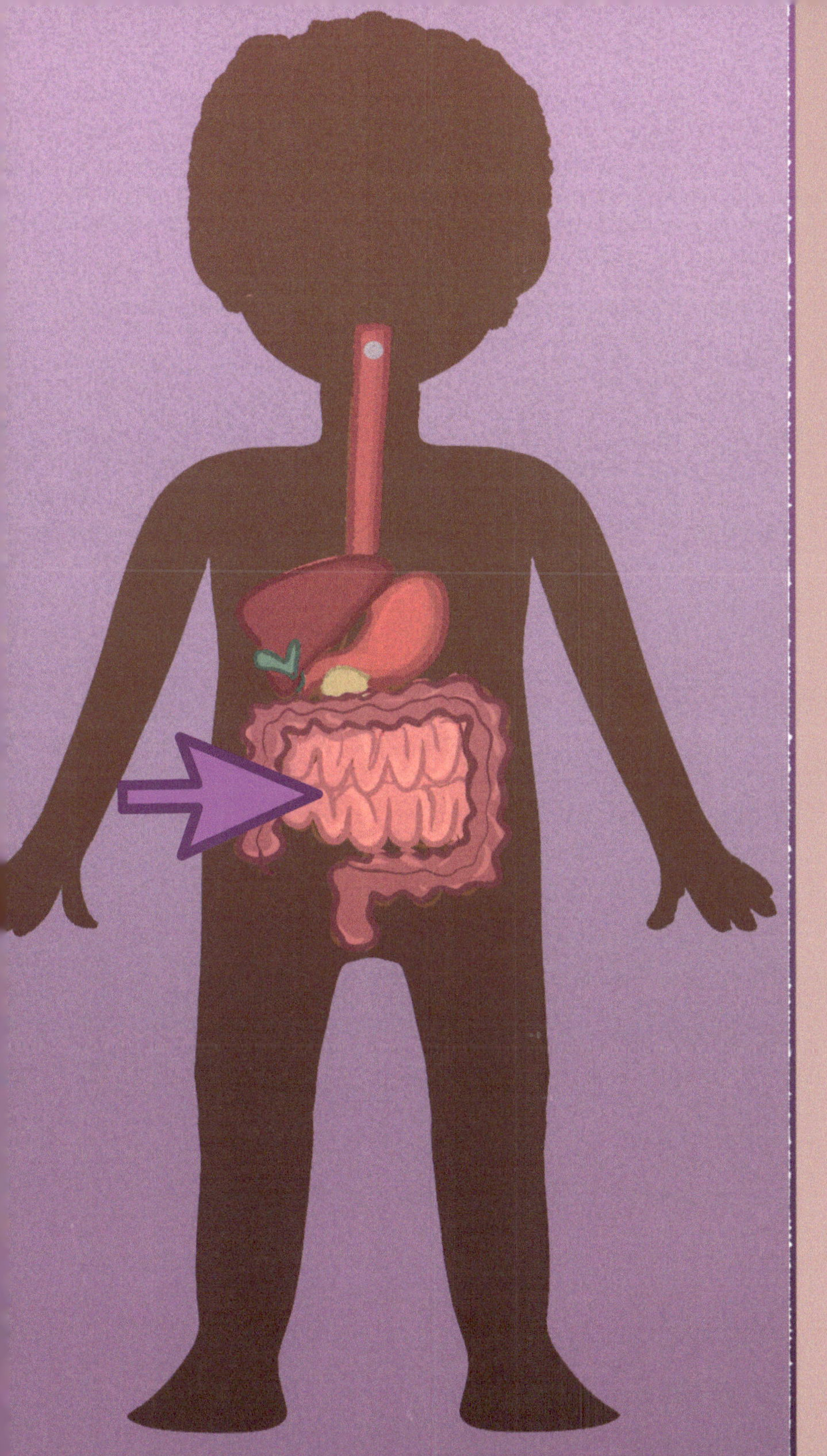

أووووه - نحن الآن في الأمعاء الدقيقة !!!

الأمعاء الدقيقة طويلة، قناة ضيقة ملفوفة على شكل لفائف.

في هذا المكان ، يقوم جسمك بالاستفادة من كل الأجزاء المفيدة من طعامك- الأجزاء التي تجعلك تنمو أكبر وأقوى ، وتمدك بالطاقة وتساعدك على التفكير.

تخرج تلك الأجزاء الصحية والمفيدة من خلال جدران الأمعاء الدقيقة إلى داخل مجرى الدم. ولكن دعنا لا نذهب إلى هناك- إنه كتاب آخر بالكامل!
دعنا نرى ماذا سيحدث للطعام الذي لا يحتاجه الجسم.

نحن الآن في الأمعاء الغليظة، ويبدو أنه مكان ذو رائحة كريهة. هل تعرف لماذا؟ هنا يتحول الطعام إلى براز! اسرع -دعنا نخرج من هنا !

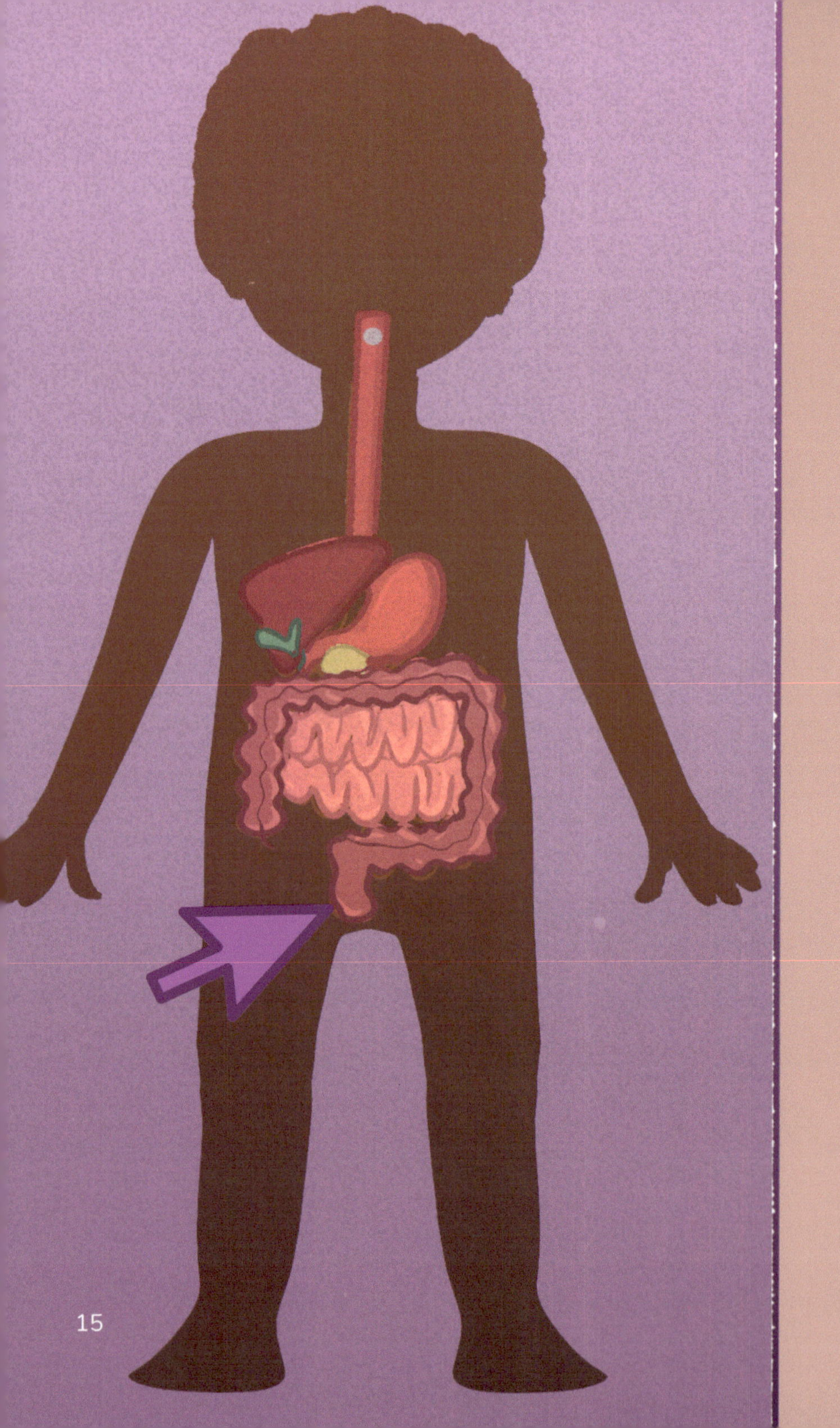

نحن الآن في
"المستقيم". هنا يتم
تخزين البراز حتى تذهب
إلى المرحاض.
ثم يخرج البراز من
الجسم، ونحن كذلك!!

ياه! لقد هبطنا في المرحاض.
من الأفضل أن نضرب على زر التكبير!!

أخشى أن تكون هذه هي نهاية مغامرتنا لليوم.
ولا يزال هناك الكثير لنتعلمه عن الجهاز الهضمي وجميع الأشياء
الرائعة الأخرى التي يقوم بها الجسم.
سأعود إليكم لعرض المزيد..... وأتأمل ألا يتم أكلنا !
إلى اللقاء الآن!!

الجهاز الهضمي

متعة جهاز المناعة !! يحتفل هذا الكتاب بالاكتشاف العلمي، وما يدور في جسم الإنسان من خلال عيون فاطمة، المخترعة الشابة وكرة الزورب المنكمشة Z82 الخاصة بها. تخطط فاطمة للانكماش للدخول في أنف أحد الأشخاص، لتتعرف كيف يقوم الجسم بحمايتنا عندما نمرض من إثر الجراثيم الضارة.

متوفر باللغات: العربية الصينية، الإنجليزية، الفرنسية، الإسبانية والعديد من اللغات الأخرى

متعة عملية التنفس !! يحتفل هذا الكتاب بالاكتشاف العلمي، وما يدور في جسم الإنسان من خلال عيون فاطمة، المخترعة الشابة وكرة الزورب المنكمشة Z82 الخاصة بها. تخطط فاطمة للانكماش للدخول في أنف أحد الأشخاص، لتتعرف ماذا يفعل جسمنا عند استنشاق الهواء من حولنا

متوفر باللغات: العربية الصينية، الإنجليزية، الفرنسية، الإسبانية والعديد من اللغات الأخرى

دونيا ستيوارت ماكميل

تؤمن دونيا ستيوارت ماكميل بأن الأطفال بحاجة إلى شغف للتعلم. حيث ساعد عملها في مجال التدريس لسنوات عديدة، وكذلك تطوعها في المدارس، الأطفال على العثور على الجانب الممتع من المواد التي يدرسونها مثل الرياضيات والعلوم ، وهي الآن تطبق ذلك من خلال نظام تأليف كتب. سلسلة كتبها، متعة الهضم! تحتفل من خلاله بالاكتشاف العلمي، وجسم الإنسان من خلال عيون فاطمة، مخترعة شابة و كرة زورب المنكمشة Z82.

دونيا مصابة بمرض التنوع العصبي، والذي تعتقد دونيا أنه وراء إبداعها في هذا المجال.

قم بزيارة موقع الويب الخاص بدونيا :
learningexcitement.co.uk

TBR BOOKS
a program of CALEC